누리 과정에서 쏙쏙

자연탐구 탐구과정 즐기기 – 궁금한 것을 탐구하는 과정에 즐겁게 참여한다.
생활 속에서 탐구하기 – 도구와 기계에 대해 관심을 가진다.

초등 과정에서 쏙쏙

통합 봄1 1. 봄맞이 – 봄을 나타내요
과학 3-1 1. 우리 생활과 물질 – 2. 물질의 성질과 쓰임새
미술 4-2 1. 형과 색

감수 및 추천 이명근 박사(미국 존스홉킨스 대학교 교수 역임, 현재 연세대학교 보건대학원 교수)

세계 곳곳의 재난지에 뛰어들어 어린이들은 물론 도움이 필요한 사람들을 구조하며 봉사의 삶을 사는 분입니다. 알아야 더 잘할 수 있다는 믿음으로 연세대학교 보건대학원에 '국제 재난 대응 전문가 과정'을 개설하여 많은 재난 구조 전문가를 양성하고 있습니다. 국제 NGO인 '머시코'(Mercy Corp.)와 UNDP(유엔경제개발계획)에서 활동하기도 했습니다. 지금은 재난 구호의 필요성을 알리고, 아시아와 아프리카의 개발을 위해 '코이카'(KOICA, 한국국제협력단)와 국제 개발 기관인 '글로벌 투게더' 등과 함께 봉사에 앞장서고 있습니다.

글 강나라

어릴 때부터 글 쓰는 것과 그림 그리는 것을 모두 좋아했습니다. 그래서 대학에서 국문학과 미술을 공부한 후, 어린이 책을 만드는 곳에서 여러 그림책을 만들었습니다. 지금은 모든 어린이의 마음속에 사랑을 심어 줄 수 있는 그림책을 만드는 것이 꿈입니다.

그림 예레미즈 형제

파비안과 크리스티안은 쌍둥이 형제로 취미, 특기, 그림 스타일이 비슷합니다. 독일 뮌스터 대학에서 일러스트레이션을 공부하고 오랫동안 만화가로 활동했습니다. 2006년부터는 프리랜서 일러스트레이터로 활동하고 있습니다. 이 책의 그림을 그릴 때에도 생각을 나누며 함께 그렸습니다.

생활과 물질 | 색
31. 색깔 요정이 알려 준 비밀

글 강나라 | **그림** 예레미즈 형제
펴낸곳 스마일 북스 | **펴낸이** 이행순 | **제작 상무** 장종남
대표 조주연 | **주소** 서울특별시 종로구 사직로8길 20, 103호
출판등록 제2013 - 000070호 **홈페이지** www.smilebooks.co.kr
전화번호 1588 - 3201 **팩스** (02)747 - 3108
기획·편집 조주연 김민정 김인숙 | **디자인** 김수정 정수하
사진 제공 및 대여 셔터스톡 연합뉴스 프리픽

이 책의 모든 글과 그림 등의 저작권은 스마일 북스에 있습니다.
본사의 허락 없이 이 책에 실린 내용의 일부 또는 전체를 어떤 형태로든지
변조하거나 무단 복제하는 것은 법으로 금지되어 있습니다.

⚠ 책을 집어던지면 다칠 수 있으니 조심하십시오. 잘못 만들어진 책은 바꾸어 드립니다.

색깔 요정이 알려 준 비밀

글 강나라 | 그림 예레미즈 형제

아주 먼 나라에 이상한 마을이 있었어.
이 마을에는 알록달록한 **색깔**이란 없었지.
집도 길도 나무도 하늘도 땅도
온통 **검정, 하양, 회색**뿐이었어.

어느 날, 색깔 요정이 이 마을을 찾아왔어.
"쯧쯧, 보이는 거라고는 검정, 하양, 회색밖에 없네.
옳지! 이 마을에 색깔을 파는 가게를 차려야겠다."

이런 곳에서는 살고 싶지 않아.

얼마 후, 색깔 요정은 '알록달록 색깔 가게'를 열었어.
지나가던 할아버지는 색깔이 신기해서
가게 안으로 들어와 쓰윽 둘러보았어.

"이게 다 무엇이오?"
할아버지가 색깔 요정에게 물었어.
"이건 색깔 통이에요.
통 안에 **빨강, 파랑, 노랑** 색깔이 들어 있어요.
색깔이 있어야 세상이 아름답게 보이지요.
파란 하늘, 빨간 사과, 노란 병아리…….
다른 마을에는 모두 이런 색깔이 있답니다."

정말 아름답지 않나요?

할아버지는 빨강, 파랑, 노랑 색깔을 샀어.
"우리 집을 이 마을에서 가장 예쁜 색깔로 칠해야지."
할아버지는
지붕은 빨강으로,
벽은 노랑으로,
문은 파랑으로 칠했어.

할아버지의 집을 본 마을 사람들은
너도나도 색깔 가게로 달려갔어.
그러고는 할아버지처럼
빨강, 노랑, 파랑으로 자기 집을 칠했단다.

다음 날, 할아버지가 씩씩거리며
색깔 가게에 나타났어.
"빨강, 노랑, 파랑 말고 다른 색깔은 안 파시오?"
"왜요?"
"마을의 집들이 몽땅 똑같은 색깔이야.
난 우리 집을 가장 예쁜 색깔로 칠하고 싶다고!"

"빨강, 노랑, 파랑만 있으면
얼마든지 여러 가지 색을 만들 수 있어요."
색깔 요정의 말에 할아버지는 눈이 휘둥그레졌지.
"자, 보세요.
파랑과 노랑을 섞으면 **초록**!
빨강과 노랑을 섞으면 **주황**!
빨강과 파랑을 섞으면 **보라**!"

집으로 돌아온 할아버지는 색깔을 섞어서
다시 집을 칠하기 시작했어.
정원에 서 있는 나무는 초록으로,
커다란 문과 지붕은 보라로,
벽은 주황으로…….
할아버지는 신이 나서 콧노래를 흥얼거렸지.

다음 날, 할아버지는 더 많이 화가 나서
색깔 가게에 나타났어.
"여기 있는 색깔을 다 내놓으시오."
"왜요?"
"보면 모르겠소? 마을의 집들이 온통 비슷비슷해.
난 우리 집을 가장 예쁜 색깔로 칠하고 싶다고!"
할아버지는 색깔 가게에 있는 색깔을 몽땅 사 갔어.

"우리 집이 이 마을에서
가장 예쁜 집이 되어야 해!"
할아버지는 색깔 가게에서 사 온 색깔을
어마어마하게 큰 통 안에 몽땅 쏟아부었어.
그러고는 기다란 나무 막대기로 휘휘 저었지.
할아버지는 밤새도록 집에 열심히 칠을 했어.

다음 날 날이 밝았을 때, 할아버지는 깜짝 놀라고 말았어.
"이게 어떻게 된 일이지?
나는 분명히 색깔을 잘 섞었는데……."
할아버지는 울상을 지었어.
이때 색깔 요정이 찾아왔어.
"할아버지! 색깔을 모두 섞으면 **검정**이 된다고요.
이제 나는 색깔을 다 팔았으니 다른 곳으로 가야겠어요."
색깔 요정은 웃으며 멀리 떠나 버렸단다.

알사과 과학 탐정의 **비밀 수첩!**

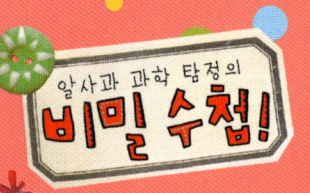

색깔의 비밀을 찾아라!

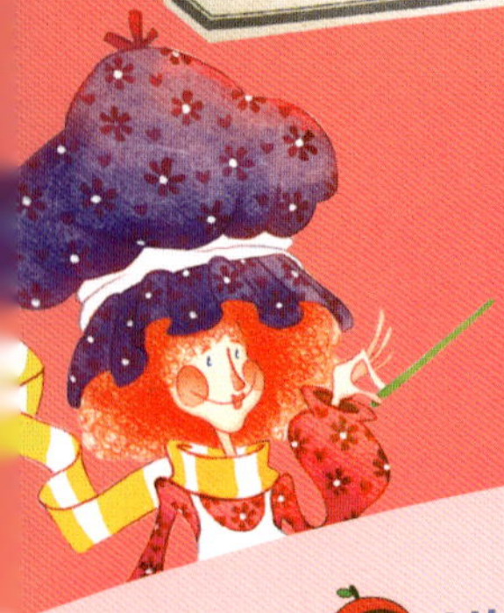

세상에는 정말 많은 색깔이 있어요. 그런데 이 많은 색깔 가운데에서 가장 기본이 되고 중요한 색깔은 **빨강, 노랑, 파랑**이에요.

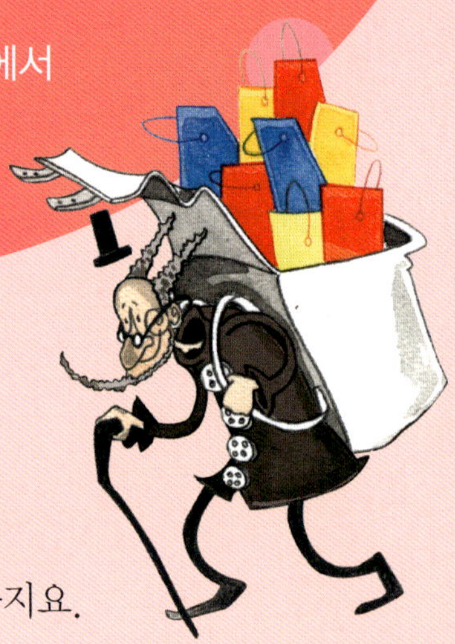

색깔을 만들어요

빨강, 노랑, 파랑만 있으면 여러 가지 색깔을 만들 수 있어요. 그래서 모든 색의 기본이 되는 빨강, 노랑, 파랑을 **색의 삼원색**이라고 하지요.

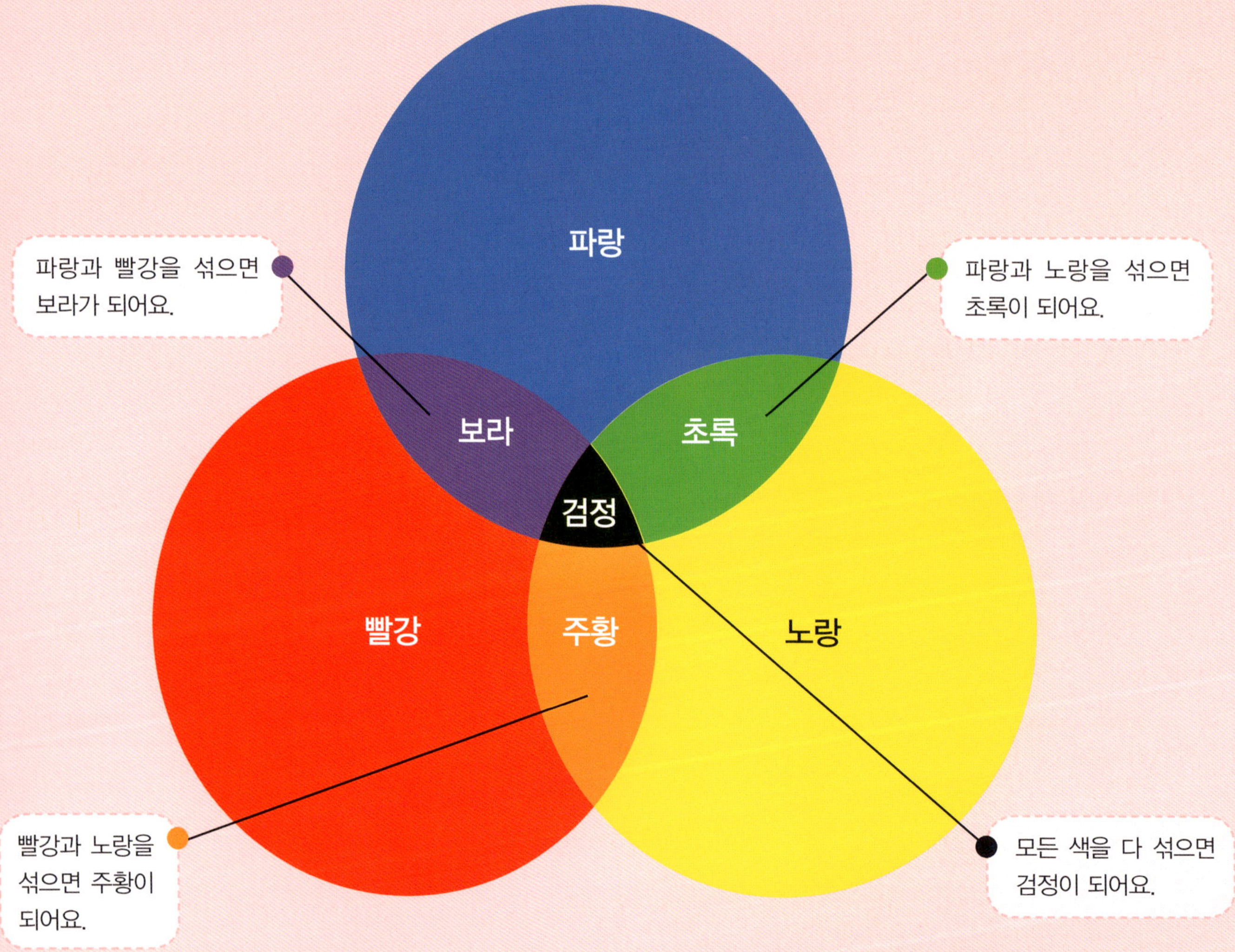

파랑
빨강
노랑
보라
초록
주황
검정
파랑과 빨강을 섞으면 보라가 되어요.
파랑과 노랑을 섞으면 초록이 되어요.
빨강과 노랑을 섞으면 주황이 되어요.
모든 색을 다 섞으면 검정이 되어요.

색에도 느낌이 있어요

노랑이나 분홍, 빨강, 주황, 연두는 따뜻하고 포근한 느낌이 나요.
초록, 파랑은 시원하고 차가운 느낌이 나지요.
하양은 맑고 순수한 느낌이에요.
이런 느낌으로 계절도 색깔로 나타낼 수 있어요.

노랑, 분홍, 연두는 따뜻하고 생기가 넘치는 **봄**의 느낌이에요.

파랑과 초록은 시원한 느낌으로, **여름**을 나타내는 색이에요.

빨강, 주황, 노랑은 **가을** 느낌을 주어요.

하양이나 회색은 춥고 눈 오는 **겨울** 느낌을 주어요.

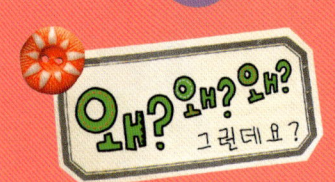

색에 대한 요런조런 호기심!

개도 사람처럼 색깔을 구별하나요?

개는 눈이 나빠서 먼 곳을 잘 못 봐. 색깔도 잘 구별하지 못하지. 색깔을 구별하려면 눈 속에 빨강, 파랑, 초록을 구분하는 세포가 있어야 하는데, 개에게는 이 세포가 두 개뿐이어서 사람처럼 여러 가지 색깔을 볼 수 없어.
개는 눈이 나쁜 대신 냄새를 아주 잘 맡고 소리도 잘 들어. 그래서 소리를 듣거나 냄새로 주인을 알아보고 반기는 거란다.

젖을 먹고 자라는 동물 중 사람과 원숭이가 색깔을 구별할 수 있어요.

신호등의 색깔은 왜 빨강, 노랑, 초록이에요?

신호등의 색깔은 우리가 이미 그 색깔이 상징하는 의미를 잘 알고 있는 색이어야 해. 빨강은 뭔가 조심하라는 뜻을 나타낼 때 많이 써. 그래서 신호등에는 '위험해요, 멈추세요!'라는 뜻으로 빨강을 쓰지. 또 초록은 평화와 안정을 느끼는 색이므로 '이젠 안전해요, 건너가세요!'라는 뜻이야. 노랑은 빨강과 초록 사이에서 눈에 잘 띄는 색으로, '이제 신호가 바뀌니 준비하세요.'라는 뜻으로 사용한단다.

신호등의 색깔은 멀리서도 눈에 잘 띄어야 해요.

무지개 색을 섞으면 무슨 색이 되나요?

무지개의 색은 빨강, 주황, 노랑, 초록, 파랑, 남색, 보라의 일곱 가지야. 이 색깔들을 물감으로 모두 섞으면 검은색이 돼. 그런데 실제 무지개는 물감이 아니라 빛이야. 일곱 가지 빛이 모두 섞이면 하얗게 보이지. 그러니까 물감으로 섞느냐, 빛으로 섞느냐에 따라 색이 달라진단다.

하늘에 뜨는 무지갯빛을 섞으면 흰빛이 되어요.
하지만 물감으로 섞으면 검은색이 되지요.

색깔을 잘 구별하지 못하는 사람도 있나요?

어떤 사람은 태어날 때부터 색깔을 잘 구별하지 못해. 또 어떤 사람은 눈을 다쳐서 색깔을 잘 구별하지 못하기도 하지. 이렇게 색깔을 잘 구별하지 못하는 사람을 '색맹'이라고 해. 이런 사람 중에는 일정한 색깔만을 구별하지 못하는 사람도 있고, 아무 색깔도 구별하지 못하고 밝음과 어두움만 구별하는 사람도 있단다.

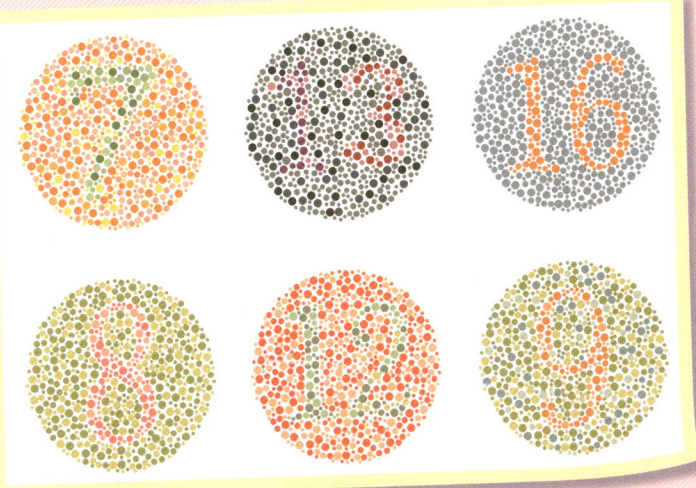

원 안에 있는 숫자나 글자가 무엇인지 알아볼 수 있으면
색깔을 잘 구별하는 사람이에요.

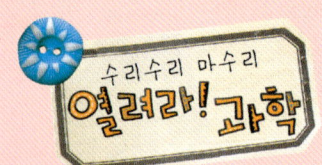
특별한 색이 쓰여요

건물이나 거리에서 자주 볼 수 있는 특별한 색이 있어요.

유치원 버스는 **노란색**이에요. 어린이가 타고 있다는 것을 알려 주어요.

공사 중인 곳이나 위험한 곳에는 눈에 잘 띄는 **주황색** 표지를 세워 알려요.

불을 끄는 기구인 소화기는 눈에 잘 띄는 **빨간색**이에요.

어두울 때 우리 눈에는 초록색이 가장 잘 보여요. 그래서 비상구 표시등의 색은 **초록색**이에요.

어울리는 색깔 느낌을 찾아라!

색깔마다 느낌이 달라요. 각각의 색깔들은 어떤 느낌이 나는지, 어울리는 것끼리 줄로 연결해 보세요.

1 깨끗한 느낌이에요. • 　　　　• **가**

2 무거운 느낌이에요. • 　　　　• **나**

3 따뜻한 느낌이에요. • 　　　　• **다**

4 시원한 느낌이에요. • 　　　　• **라**

정답 (1)-(나), (2)-(가), (3)-(라), (4)-(다)

《알사과 과학 동화》를 추천하면서

이명근 박사
(미국 존스홉킨스 대학교 교수 역임,
현재 연세대학교 보건대학원 교수)

환경 파괴로 투발루를 비롯한 남태평양의 여러 섬이 점점 바다에 잠기고 있습니다. 지구의 허파 아마존의 산림이 훼손되고 있으며, 토양의 사막화가 빠르게 진행되고 있습니다. 황사와 미세 먼지가 기승을 부리고, 수질 오염으로 동물과 식물, 인간이 병에 노출되고 있습니다.

국제 구호 전문가와 국제 재난 전문가로 활동하면서 내가 가장 가슴 아픈 순간은, 구조의 손길을 받지 못한 아이들을 보았을 때입니다. 이런 재난에서 벗어나려면 과학적 사고가 필요합니다. 과학은 우리가 살고 있는 우주의 과학 현상을 오랫동안 관찰하고 탐구해서 나온 자연의 법칙을 체계화한 학문입니다. 자연 과학의 발달은 일상생활에서 여러 방향으로 응용되고 있습니다. 날씨나 화산 폭발, 지진을 예측해 대비할 수 있게 되었습니다. 과학의 발달은 재난에 처한 사람들을 더 많이, 더 빨리 구호될 수 있게 해 주었습니다.

그런 점에서 볼 때, 스마일 북스의 출판 철학은 '알아야 더 잘할 수 있다'는 내 삶의 가치와 닮아 있어 반가웠습니다. 과학 교육을 기반으로 올바른 인성을 향해 가는 출판 철학이《알사과 과학 동화》를 만들어 낸 것이라고 생각합니다.《알사과 과학 동화》는 아이들에게 과학적 사고력을 높이고, 환경과 재난에 대한 가르침을 주는 유익한 과학 동화라고 생각합니다.

세상의 모든 어른은 아이들을 보호하고 가르칠 의무가 있습니다. 내가 주장하는 교육의 가치는 똑똑한 아이로 가르치는 것보다 자신을 지키고, 남을 도와줄 수 있는 아이가 되도록 가르치는 데 있습니다. 교육의 질을 높여 우리의 미래인 아이들이 과학적이고 창의적인 사고, 올바른 가치관을 지닌 자기 주도적 삶을 깨닫기를 바랍니다.《알사과 과학 동화》가 아이들의 생각을 크게 열어 주고, 과학적 사고의 가능성을 꽃피우는 씨앗이 되길 바라면서 진심 어린 응원을 보냅니다.